Ideal für zwischendurch!

Ob als kleiner Imbiß in der Bar oder beson-
deres Extra – die italienischen Sandwiches
mit zart-cremiger und würziger
Füllung sind der neue Snack für den
»tramezzo«, die Zeit dazwischen.
Typisch sind das dreieckige Format und die
vielfältigen Variationen der »Stockwerke«.
Höchste Zeit, daß wir auch hier Tramezzini
genießen können!

Tramezzini mit Huhn und Melone

Leicht, bekömmlich und fruchtig frisch – ideal für heiße Sommertage.

Läßt sich gut vorbereiten

Zutaten für 8–10 Tramezzini:
2 Hühnerbrustfilets ohne Haut
(je etwa 200 g)
Salz • schwarzer Pfeffer
1 Teel. abgeriebene unbehandelte Zitronenschale
2 Teel. scharfer Senf
2 Eßl. Olivenöl
1 Bund Rucola
1 Stück Honigmelone (etwa 400 g; geputzt gewogen 180 g)
1 Teel. Zitronensaft
100 g Crème fraîche
8–10 Scheiben Kastenweißbrot oder anderes Brot

• Zubereitungszeit: 30 Min.

Bei 10 Tramezzini pro Stück etwa:
640 kJ/150 kcal

Diese Tramezzini können Sie auch mit Resten von gegartem Hähnchen, zum Beispiel von einem **Grillhähnchen**, zubereiten. Und statt Melone schmecken auch Gurke oder Mango sehr gut.

1

Die Hühnerbrustfilets kalt abspülen und trockentupfen. Dann mit Salz und Pfeffer würzen. Zitronenschale mit 1 Teel. Senf mischen und die Hühnerbrustfilets damit einreiben.

2

Das Öl in einer Pfanne erhitzen. Die Hühnerbrustfilets darin bei mittlerer Hitze pro Seite 5 Min. braten, bis sie durchgegart sind. (Mit einem Zahnstocher einstechen: Tritt klarer Saft aus, sind sie gar.) Die Hühnerbrustfilets abkühlen lassen.

3

Inzwischen den Rucola waschen, trockenschwenken und sehr fein hacken. Die Melone schälen, von den Kernen und dem faserigen Fruchtfleisch befreien und in sehr feine Scheiben schneiden. Mit dem Zitronensaft beträufeln.

4

Die Crème fraîche mit dem Rucola und dem restlichen Senf verrühren und mit Salz und Pfeffer abschmecken. Das kalte Hühnerfleisch in sehr dünne Scheiben schneiden.

5

Die Brotscheiben mit der Rucola-Crème-fraîche bestreichen, dann die Hälfte der Brotscheiben abwechselnd mit den Hühner- und Melonenscheiben dachziegelartig belegen und mit den übrigen Brotscheiben abdecken. Diagonal durchschneiden (Seite 35) und servieren.

Tramezzini mit Ei und Sardellen

Eine feinwürzige Variante, die gut zu kräftigem Rotwein schmeckt.

Preiswert

Zutaten für 16–20 Tramezzini:
5–6 Eier (je nach Größe)
4–6 Sardellen (in Öl eingelegt)
1/2 Bund Petersilie
50 g Salatmayonnaise (Rezept Seite 19)
100 g fester Joghurt
Salz
schwarzer Pfeffer
abgeriebene Schale von 1/2 unbehandelten Zitrone
8–10 Scheiben Sandwichbrot oder (Vollkorn-)Toastbrot

• Zubereitungszeit: 30 Min.

Bei 20 Tramezzini pro Stück etwa:
420 kJ/100 kcal

1

Die Eier in kochendem Wasser in 8–10 Min. hart kochen. Dann kalt abschrecken, etwas abkühlen lassen, schälen und sehr fein hacken. Die Sardellen abtropfen lassen und ebenfalls sehr fein hacken.

2

Die Petersilie gründlich waschen und trockenschwenken, dann von den groben Stielen befreien (Seite 34) und auch sehr fein hacken.

3

Die Petersilie und die Sardellen mit der Mayonnaise und dem Joghurt mischen. Die Eier unterheben und alles mit Salz, Pfeffer und der Zitronenschale abschmecken.

4

Die Hälfte der Brotscheiben mit der Eiermasse bedecken. Die restlichen Brotscheiben darauf legen und leicht andrücken. Die Brote diagonal durchschneiden, dann nochmals teilen (Seite 35).

Wer keine Sardellen mag, kann sie durch gekochten **Schinken** in kleinen Würfeln ersetzen oder einfach weglassen.

Tramezzini mit Gemüse und Fisch

Diese feinen Brote passen auch zu einem festlichen Anlaß.

Gelingt leicht

Zutaten für 8–10 Tramezzini:
2 Frühlingszwiebeln
1/2 kleine rote Paprikaschote
1/2 kleine Möhre
1 Stange Staudensellerie
1 Stück Salatgurke (etwa 100 g)
1/2 Bund Petersilie
100 g Mascarpone
1 Eßl. Sahne
Salz
Cayennepfeffer
1 Teel. Zitronensaft
200 g geräuchertes Forellenfilet
8–10 Scheiben Kastenweißbrot oder Sandwichbrot

• Zubereitungszeit: 25 Min.

Bei 10 Tramezzini pro Stück etwa:
550 kJ/130 kcal

Noch schneller geht es, wenn Sie Gemüse und Kräuter waschen, putzen und grob zerteilt in der **Küchenmaschine** fein zerkleinern.

1

Die Frühlingszwiebeln putzen, gründlich waschen und mit dem zarten Grün in feine Ringe schneiden. Die Paprika waschen, putzen und sehr fein würfeln. Möhre schälen und raspeln. Staudensellerie waschen, putzen und so fein wie möglich würfeln. Gurke schälen und längs halbieren. Die Kerne mit einem Teelöffel herauskratzen, die Gurkenhälften fein hacken (Seite 35).

2

Die Petersilie waschen, trockenschwenken und ohne die groben Stiele fein hacken (Seite 34/35). Das Gemüse und die Petersilie mit dem Mascarpone und der Sahne vermischen und mit Salz, Cayennepfeffer und dem Zitronensaft abschmecken.

3

Das Forellenfilet mit einer Gabel in Stücke zupfen. Die Hälfte der Brotscheiben mit der Gemüsemischung bestreichen und mit den Forellenstücken belegen.

4

Die restlichen Brotscheiben daraufgeben und leicht andrücken. Die Brote diagonal durchschneiden (Seite 35), dann servieren.

Tramezzini mit Thunfisch

Ein Klassiker unter den Tramezzini – in leichter und bekömmlicher Variante.

Preiswert

Zutaten für 8–10 Tramezzini:
2 Dosen Thunfisch im eigenen Saft (300 g)
1 Eßl. kleine Kapern
2 1/2 Eßl. Mayonnaise (Rezept Seite 19)
2 1/2 Eßl. Crème fraîche
1/2 Eßl. Zitronensaft
Salz
weißer Pfeffer
4 schöne Radicchioblätter
1 feste Tomate
8–10 Scheiben Kastenweißbrot oder Sandwichbrot

• Zubereitungszeit: 10 Min.

Bei 10 Tramezzini pro Stück etwa:
620 kJ/150 kcal

1

Den Thunfisch abtropfen lassen und mit zwei Gabeln fein zerpflücken. Die Kapern abtropfen lassen.

2

Die Mayonnaise mit der Crème fraîche und den Kapern vermischen. Den Thunfisch untermengen und alles mit Zitronensaft, Salz und Pfeffer würzen.

3

Die Radicchioblätter waschen und gut trockenschwenken (Seite 34). Die Tomate ebenfalls waschen und ohne den Stielansatz in möglichst dünne Scheiben schneiden.

4

Die Hälfte der Brotscheiben mit jeweils 1 Radicchioblatt belegen und mit Tomatenscheiben garnieren. Die Thunfischmasse darauf verteilen. Mit den restlichen Brotscheiben bedecken und diese leicht andrücken. Die Brote diagonal durchschneiden (Seite 35).

Zur Abwechslung können Sie auch einmal fein gehackte **Kräuter** – zum Beispiel Rucola oder Petersilie und Melisse – unter die Thunfischmasse mischen.

Tramezzini mit Käse-Pfeffer-Creme

Im Handumdrehen fertig und leicht vorzubereiten – ideal für Gäste.

Vegetarisch

Zutaten für 8–10 Tramezzini:
100 g Parmesan oder Pecorino
4 getrocknete, eingelegte Tomaten
1 Teel. eingelegte grüne Pfefferkörner
1 Bund Petersilie
2 Eßl. weicher Ricotta
100 g Sahne
Salz
1/2 Bund Rucola
8–10 Scheiben Kastenbrot (evtl. Vollkorn) oder Sandwichbrot

• Zubereitungszeit: 15 Min.

Bei 10 Tramezzini pro Stück etwa:
800 kJ/190 kcal

Den Parmesan oder Pecorino fein reiben. Die Tomaten abtropfen lassen und sehr fein würfeln. Die Pfefferkörner ebenfalls abtropfen lassen und fein hacken. Die Petersilie waschen, trockenschwenken und ohne die groben Stiele sehr fein zerkleinern (Seite 34).

2

Den Ricotta mit dem geriebenen Käse, den Tomaten, den Pfefferkörnern und der Petersilie verrühren. Die Sahne mit dem Handrührgerät steif schlagen. Die Hälfte davon in die Käsemischung einrühren, den Rest unterheben. Die Creme mit wenig Salz abschmecken.

3

Den Rucola waschen und trockenschwenken. Die Hälfte der Brotscheiben mit der Käsecreme bestreichen und mit Rucolablättern belegen. Die übrigen Brote darauf legen und leicht andrücken. Die Brote diagonal durchschneiden (Seite 35).

Gut schmeckt die Creme auch, wenn Sie statt Ricotta 50 g **Gorgonzola** mit 1–2 Eßl. Sahne cremig verkneten.

Tramezzini mit Braten und Salbeisauce

Raffiniert und dennoch schnell gemacht sind diese würzigen Brote.

Läßt sich gut vorbereiten

Zutaten für 8–10 Tramezzini:
2 Bund Frühlingszwiebeln
10 Blätter frischer Salbei
4 Eßl. Olivenöl
2 Eßl. trockener Weißwein (ersatzweise Gemüsefond)
2 Teel. scharfer Senf
Salz • schwarzer Pfeffer
1 Handvoll feiner Blattspinat
8–10 Scheiben Kastenweißbrot oder Sandwichbrot
200 g Schweine- oder Kalbsbraten in feinen Scheiben (Rest oder fertig gekauft)

• Zubereitungszeit: 15 Min.

Bei 10 Tramezzini pro Stück etwa:
640 kJ/150 kcal

Wer keinen Mixer hat, kann die Frühlingszwiebeln mit dem Salbei so fein hacken, daß sie fast musig sind. Öl mit Wein und Senf sehr cremig aufschlagen, dann die Zwiebeln untermischen.
Die **Zwiebelsauce** schmeckt intensiv und leicht scharf. Wer es milder mag, sollte die Zwiebeln vor dem Pürieren 1–2 Min. in Salzwasser blanchieren.

1

Die Frühlingszwiebeln putzen und gründlich waschen, von den dunkelgrünen Teilen befreien und grob hacken. Den Salbei waschen und grob zerkleinern.

2

Die Frühlingszwiebeln und den Salbei mit Öl, Wein und Senf im Mixer fein pürieren. Die Sauce mit Salz und Pfeffer abschmecken.

3

Den Blattspinat verlesen, von den Stielen befreien und in stehendem kaltem Wasser sehr gründlich waschen. Gut abtropfen lassen und trockentupfen.

4

Die Hälfte der Brotscheiben mit Spinat belegen und mit Bratenscheiben bedecken. Die Sauce darüber verteilen und die restlichen Brotscheiben daraufgeben. Die Brote diagonal durchschneiden (Seite 35).

Tramezzini mit Garnelen

Diese besonders feine Variante schmeckt sehr gut zu einem Gläschen Prosecco.

Festlich

Zutaten für 8–10 Tramezzini:
200 g gegarte geschälte Garnelen
1 Tomate
1/2 Bund Basilikum
100 g Salatmayonnaise (Rezept Seite 19)
weißer Pfeffer
1 Prise Cayennepfeffer
Salz
1 reife Avocado
1 Eßl. Zitronensaft
4 schöne Salatblätter
8–10 Scheiben Kastenweißbrot oder Sandwichbrot

• Zubereitungszeit: 20 Min.

Bei 10 Tramezzini pro Stück etwa:
610 kJ/140 kcal

Schneller geht diese **Variante:** 1 Bund gemischte Kräuter waschen und fein hacken, mit den Garnelen unter 150 g Mascarpone sowie 1–2 Eßl. Sahne mischen und würzen. Die Brote damit bestreichen.

1

Die Garnelen klein würfeln. Die Tomate waschen und ebenfalls sehr fein zerkleinern, dabei den Stielansatz herausschneiden. Das Basilikum waschen und trockenschwenken. Die Blättchen abzupfen und fein hacken (Seite 34).

2

Die Garnelen und die Tomate mit dem Basilikum unter die Mayonnaise mischen und mit Pfeffer, Cayennepfeffer und wenig Salz abschmecken.

3

Die Avocado schälen, der Länge nach halbieren und entkernen. Dann in dünne Scheiben schneiden und sofort mit dem Zitronensaft beträufeln.

4

Die Salatblätter waschen und trockenschwenken, die Hälfte der Brotscheiben damit belegen. Die Hälfte der Avocadoscheiben daraufgeben. Salzen und pfeffern und die Garnelenmasse darauf verteilen. Mit den übrigen Avocadoscheiben belegen und mit dem restlichen Brot abdecken. Brote diagonal durchschneiden (Seite 35).

Sandwichbrot backen

1 500 g Mehl (am besten 150 g davon Vollkornmehl) mit 1 gehäuften Teel. Salz mischen. 30 g frische Hefe zerkrümeln und mit 250 ml lauwarmer Milch verrühren. Zum Mehl geben.

3 Den Teig zugedeckt in der Schüssel an einem warmen Ort 30–60 Min. gehen lassen, bis sich sein Volumen verdoppelt hat. Eine Kastenform von 30 cm Länge mit Olivenöl fetten.

2 Mit den Knethaken des Handrührgerätes kräftig verkneten, dabei etwa 125 ml lauwarmes Wasser angießen. Der Teig ist so weich, daß er sich schlecht mit den Händen kneten läßt.

4 Teig kneten, in der Form glattstreichen, 30 Min. gehen lassen. Den Backofen auf 220° vorheizen. Das Brot darin (Mitte, Umluft 200°) 15 Min., dann bei 190° (Umluft 170°) 25 Min. backen.

Mayonnaise zubereiten

Mit hartgekochten Eiern

1 2 frische Eigelbe mit je 1 Teel. Senf und Zitronensaft verrühren. 100 ml Oliven- oder Sonnenblumenöl zuerst tropfenweise, dann in dünnem Strahl dazugeben, bis feste Mayonnaise entsteht.

1 3 Eier in kochendem Wasser in 8 Min. fast hart kochen lassen, dann kalt abschrecken und schälen. Eiweiße abtrennen, Eigelbe in eine Schüssel geben und zerdrücken.

2 Für eine leichte Mayonnaise 100 g saure Sahne oder Joghurt untermischen, alles mit Salz, Pfeffer und Cayennepfeffer abschmecken. Reine Mayonnaise: 3 Eigelbe, 125 ml Öl.

2 2 Teel. Senf, 2 Teel. Zitronensaft, 2 Eßl. heißes Wasser einrühren. 125 ml Öl tropfenweise dazugeben, ständig rühren. Mit Salz, Pfeffer, Cayennepfeffer oder Tabasco würzen.

Tramezzini mit Gemüse und Mozzarella

Besonders fein im Sommer, wenn sonnengereiftes Gemüse angeboten wird.

Vegetarisch

Zutaten für 8–10 Tramezzini:
1 gelbe Paprikaschote
1 Bund Frühlingszwiebeln
1 mittelgroße Möhre
1/2 Zucchino
1/2 Fenchelknolle • 2 Eßl. Olivenöl
1 Teel. Zitronensaft
Salz • weißer Pfeffer
125 g Mozzarella • 1/2 Bund Basilikum
100 g Mayonnaise (Rezept Seite 19)
1–2 Knoblauchzehen • Cayennepfeffer
8–10 Scheiben Kastenweißbrot oder
Sandwichbrot

• Zubereitungszeit: 45 Min.

Bei 10 Tramezzini pro Stück etwa:
790 kJ/190 kcal

Sandwichbrot gibt es abgepackt im Supermarkt, aber auch in vielen Bäckereien zu kaufen. Oder Sie backen Ihr Sandwichbrot selber (Rezept Seite 18). Außer Weißbrot können Sie auch lockeres Vollkornbrot nehmen, das Sie in dünne Scheiben schneiden sollten. Wer keinen Grill hat, kann das Gemüse in der Pfanne in Olivenöl braten.

1

Den Backofen-Grill anheizen. Die Paprikaschote waschen, halbieren, putzen und in 1–2 cm breite Streifen schneiden. Die Frühlingszwiebeln putzen und waschen, vom dunklen Grün befreien und der Länge nach vierteln. Die Möhre schälen und der Länge nach achteln. Den Zucchino waschen und in dünne Scheiben schneiden. Den Fenchel waschen, vom Strunk befreien und quer zur Faser in dünne Scheiben schneiden.

2

Das Gemüse mit dem Öl, dem Zitronensaft, Salz und Pfeffer mischen und auf dem Backblech verteilen. 10–12 Min. grillen, dabei mehrmals wenden. Das Gemüse wird dabei braun und weich.

3

Den Mozzarella in dünne Scheiben schneiden. Das Basilikum waschen und trockenschwenken (Seite 34). Die Blättchen fein schneiden, dann unter die Mayonnaise rühren. Den Knoblauch schälen und dazupressen. Die Mayonnaise mit Salz und Cayennepfeffer abschmecken.

4

Die Brotscheiben mit der Knoblauch-Mayonnaise bestreichen. Die Hälfte der Brotscheiben mit dem gegrillten Gemüse belegen und die Mozzarellascheiben darauf verteilen. Die restlichen Brotscheiben darauf legen und die Brote diagonal durchschneiden (Seite 35).

Tramezzini mit Paprika und Salami

Hier ißt das Auge mit: aromatische
»Doppeldecker«-Tramezzini.

Läßt sich gut vorbereiten

Zutaten für 16 Tramezzini:
1 große oder 2 kleine rote Paprikaschoten
1 kleine rote Zwiebel
2 Zweige frischer Thymian
100 g scharfe Salami
150 g Ricotta
Salz
schwarzer Pfeffer
8 schöne, kleine Salatblätter
12 Scheiben Toastbrot
eventuell Cocktailspießchen

• Zubereitungszeit: 35 Min.

Pro Stück etwa: 420 kJ/100 kcal

Wem das Häuten der **Paprikaschoten**
zuviel Arbeit macht, der kann entweder
im italienischen Feinkostgeschäft mari-
nierte Paprikaschoten fertig kaufen
oder die Schoten roh verwenden. Dann
aber sehr fein hacken, am besten in der
Küchenmaschine.

1

Den Backofen auf 250° vorheizen. Die
Schote waschen und der Länge nach
halbieren, putzen und mit den Schnitt-
flächen nach unten auf das Blech legen.

2

Die Schote im heißen Ofen (Mitte, Um-
luft 220°) 15–20 Min. backen, bis die
Haut Blasen wirft und dunkel wird.
Kurz abkühlen lassen und dann häuten.

3

Die Paprika klein würfeln. Die Zwiebel
schälen und ebenfalls sehr fein zerkleinern. Den Thymian waschen, trockenschwenken und die Blättchen von den
Stielen streifen (Seite 34). Falls sie groß
sind, die Blättchen fein hacken. Die
Salami in feine Würfel schneiden.

4

Paprikaschote mit Zwiebel, Salami, Thymian und Ricotta mischen und mit Salz
und Pfeffer abschmecken. Die Salatblätter waschen und trockenschütteln.

5

Die Toastscheiben toasten, dann die
Rinde abschneiden. 8 Scheiben mit jeweils 1 Salatblatt belegen und mit Ricottacreme bedecken. Jeweils 2 belegte
Scheiben aufeinander legen und mit
den restlichen Brotscheiben abdecken.
Die Brote zweimal diagonal teilen (Seite
35), eventuell mit Cocktailspießchen
bestecken und servieren.

Tramezzini mit Schinkencreme

Diese köstliche Variante mit Ricotta und Gurke ist äußerst preiswert.

Läßt sich gut vorbereiten

Zutaten für 16–20 Tramezzini:
150 g gekochter Schinken
1 Stück Gurke (etwa 180 g)
je einige Zweige Rucola, Zitronen-
melisse und Petersilie
150 g Ricotta
Salz
weißer Pfeffer
1 Prise gemahlener Kümmel
1 Teel. scharfer Senf
1 Teel. Zitronensaft
1 kleine Fleischtomate
8–10 Scheiben Kastenweißbrot oder
Sandwichbrot

• Zubereitungszeit: 20 Min.

Bei 20 Tramezzini pro Stück etwa:
250 kJ/60 kcal

1

Den Schinken sehr fein hacken. Die Gurke schälen und zuerst in Scheiben schneiden, dann sehr fein hacken (Seite 35). Die Kräuter waschen, trockenschütteln und ebenfalls sehr fein zerkleinern (Seite 34).

2

Den Schinken, die Gurke und die Kräuter unter den Ricotta mischen und alles mit Salz, Pfeffer, Kümmel, Senf und Zitronensaft abschmecken. Die Tomate waschen und in sehr dünne Scheiben schneiden, dabei vom Stielansatz befreien.

3

Die Brotscheiben nach Wunsch toasten. Die Hälfte der Brote mit den Tomatenscheiben belegen und mit der Ricottacreme bestreichen. Das restliche Brot darauf legen. Die Brote längs halbieren, die Hälften nochmals durchschneiden (Seite 35). Die Quadrate auf Tellern anrichten.

Vegetarische Variante: Nehmen Sie statt Schinken 150 g italienischen Frischkäse, z.B. Robbiola. Dann brauchen Sie die doppelte Menge Kräuter. Schmekken Sie die Creme außerdem mit etwas Zitronenschale und/oder -saft ab.

Tramezzini mit Roastbeef

Brote mit Pfiff: Die Meerrettichbutter gibt ihnen eine leichte Schärfe.

Läßt sich gut vorbereiten

Zutaten für 16–20 Tramezzini:
1 Eßl. weiche Butter
1 Teel. geriebener Meerrettich
(aus dem Glas)
8–10 Scheiben Kastenweißbrot oder Sandwichbrot
8–10 Scheiben gegartes Roastbeef
(etwa 200 g, fertig gekauft; ersatzweise Putenschinken)
1 Blutorange
1 kleine Staude Chicorée
1/2 Bund Schnittlauch
100 g Mayonnaise (Rezept Seite 19)
50 g fester Joghurt
Salz
schwarzer Pfeffer

• Zubereitungszeit: 20 Min.

Bei 20 Tramezzini pro Stück etwa:
360 kJ/90 kcal

1

Die Butter mit dem Meerrettich verkneten und die Hälfte der Brote damit bestreichen. Jeweils 1 Scheibe Roastbeef daraufgeben.

2

Die Blutorange schälen und in kleine Würfel schneiden, dabei entkernen. Die Würfel in einem kleinen Sieb gut abtropfen lassen. Den Chicorée von den welken Blättern befreien, waschen und fein hacken, dabei den Strunk entfernen. Den Schnittlauch waschen, trockenschütteln und in Röllchen schneiden.

3

Die Mayonnaise mit dem Joghurt, den Orangenwürfeln, dem Chicorée und dem Schnittlauch mischen und mit Salz und Pfeffer abschmecken. Die Mayonnaise auf dem Roastbeef verteilen. Die übrigen Brote darauf legen und die Brote ein- oder zweimal diagonal teilen (Seite 35). Auf Tellern anrichten und servieren.

Für alle Tramezzini-Rezepte gilt: Sie können das Brot auch **toasten**, falls Sie es so lieber mögen.

Tramezzini mit Pilzen und Spinat

Blanchierter Spinat und rohe Pilze passen gut zur fein gewürzten Mayonnaise.

Vegetarisch

Zutaten für 16–20 Tramezzini:
250 g Spinat (möglichst große Blätter)
100 g Egerlinge
1/2 unbehandelte Zitrone
Salz
weißer Pfeffer
1 Eßl. weiche Butter
1 Teel. scharfer Senf
8–10 Scheiben Kastenweißbrot oder Sandwichbrot
100 g Mayonnaise (Rezept Seite 19)
50 g saure Sahne
1 Msp. Sambal oelek
eventuell Zahnstocher

• Zubereitungszeit: 20 Min.

Bei 20 Tramezzini pro Stück etwa:
320 kJ/80 kcal

Wenn Sie es noch ein bißchen würziger möchten, legen Sie jeweils 1 Scheibe **Parmaschinken** mit auf die Brote. Verzichten Sie dann eventuell auf die Butter.

1

Den Spinat von welken Blättern und groben Stielen befreien und in stehendem kaltem Wasser mehrmals gründlich waschen. In einem großen Topf reichlich Wasser zum Kochen bringen. Den Spinat darin 2 Min. blanchieren, dann kalt abschrecken und sehr gut abtropfen lassen.

2

Die Egerlinge putzen und eventuell kurz kalt waschen, dann in feine Scheiben schneiden. Die Zitronenhälfte waschen, die Schale fein abreiben und den Saft auspressen. Die Pilze mit 1 Eßl. Zitronensaft mischen, salzen und pfeffern.

3

Die Butter mit dem Senf verkneten und die Hälfte der Brote damit bestreichen. Die Mayonnaise mit der sauren Sahne, der Zitronenschale und 2 Teel. Zitronensaft mischen. Mit Salz und Sambal oelek abschmecken.

4

Die bestrichenen Brote mit dem Spinat und den Pilzen belegen und mit der Mayonnaise beträufeln. Die übrigen Brote darauf legen und leicht andrücken. Die Brote zweimal diagonal teilen (Seite 35), eventuell mit Zahnstochern bestecken und servieren.

Tramezzini mit feiner Bohnencreme

Eine raffinierte Kombination, die auch mit lockerem Vollkornbrot schmeckt.

Läßt sich gut vorbereiten

Zutaten für 8–10 Tramezzini:
150 g gegarte weiße Bohnen (aus dem Glas oder der Dose)
50 g fester Joghurt
1 Bund Basilikum
1/2 unbehandelte Zitrone
1 Knoblauchzehe
1 Eßl. Olivenöl
Salz • schwarzer Pfeffer
1 Fleischtomate
1 Stück Gurke (etwa 100 g)
8–10 Scheiben Kastenweißbrot oder Sandwichbrot
8–10 dünne Scheiben roh geräucherter Schinken

• Zubereitungszeit: 20 Min.

Bei 10 Tramezzini pro Stück etwa:
470 kJ/ 110 kcal

Statt Bohnen passen auch Kichererbsen (aus der Dose) sehr gut. Ebenfalls köstlich: 1 **Aubergine** im Backofen bei 220° 30–40 Min. backen, bis sie weich ist. Halbieren, Fruchtfleisch herauslösen und mit 50 g festem Ricotta pürieren.

1

Die Bohnen abtropfen lassen und mit dem Joghurt fein pürieren. Basilikum waschen und die Blättchen fein hacken (Seite 34). Die Zitrone heiß waschen, ein Stück Schale abschneiden und fein hakken. Die Zitrone auspressen.

2

Die Knoblauchzehe schälen und zur Bohnencreme pressen. Das Basilikum, die Zitronenschale und 1 Teel. Zitronensaft sowie das Olivenöl dazugeben und alles mit Salz und Pfeffer pikant abschmecken.

3

Die Tomate waschen und ohne Stielansatz in sehr dünne Scheiben schneiden. Die Gurke schälen und ebenfalls in sehr feine Scheiben schneiden.

4

Die Brote toasten. Die Hälfte der Brote mit den Schinkenscheiben belegen und mit der Bohnencreme bestreichen. Mit Tomaten- und Gurkenscheiben bedekken und diese leicht salzen. Die restlichen Brote darauf legen und leicht andrücken. Die Brote diagonal durchschneiden (Seite 35) und servieren.

Tramezzini mit Tomaten-Oliven-Tatar

Diese Tramezzini lassen sich gut vorbereiten und eignen sich zum Mitnehmen.

Vegetarisch

Zutaten für 16–20 Tramezzini:
1 Bund Basilikum
1 Eßl. Kapern
3 Eßl. Crème fraîche
Salz
schwarzer Pfeffer
1 feste Tomate
2 getrocknete, in Öl eingelegte Tomaten
100 g schwarze Oliven
Cayennepfeffer
8–10 Scheiben Kastenweißbrot oder Sandwichbrot
8–10 Scheiben Käse (Fontina oder Bel Paese)

• Zubereitungszeit: 35 Min.

Bei 20 Tramezzini pro Stück etwa:
270 kJ/60 kcal

1

Das Basilikum waschen, die Blättchen abzupfen und mit den abgetropften Kapern sehr fein hacken (Seite 34). Beides mit der Crème fraîche mischen und mit Salz und Pfeffer abschmecken.

2

Die Tomate waschen und fein würfeln, dabei einen Teil der Kerne und den Stielansatz entfernen. Die getrockneten Tomaten abtropfen lassen und grob zerkleinern.

3

Die Oliven von den Steinen befreien. Frische und getrocknete Tomaten mit den Oliven mischen und mit dem Wiegemesser fein zerkleinern (Seite 35). Mit Salz und etwas Cayennepfeffer pikant abschmecken.

4

Die Hälfte der Brotscheiben mit der gewürzten Crème fraîche bestreichen und mit den Käsescheiben belegen. Mit dem Tomaten-Oliven-Tatar belegen, mit dem übrigen Brot abdecken und leicht andrücken, dann die Brote zweimal diagonal durchschneiden (Seite 35).

Noch würziger werden die Tramezzini, wenn Sie 4 in Öl eingelegte **Sardellen** fein hacken und in das Tatar geben.

Kräuter vorbereiten

Salatblätter vorbereiten

1 Kräuterbund von Gummi oder Schnur befreien und verlesen, also alle verwelkten Blätter und Stiele herauslösen. Dann die Kräuter unter fließendem kaltem Wasser gründlich abspülen.

1 Salatblätter vorsichtig vom Salatkopf ablösen, damit sie nicht reißen. Dann unter fließendem kaltem Wasser vorsichtig waschen und mit Küchenpapier trockentupfen.

2 Von den Kräutern (z.B. vom Thymian) nur die groben oder sehr harten Stiele entfernen. Kleine, zarte Stiele können mit zerkleinert werden.

2 Damit die Salatblätter schön flach auf den Brotscheiben liegen, wird die dicke Blattrippe in der Mitte flachgeschnitten oder ganz herausgetrennt.